INSTITUT DE FRANCE.

CLASSE DES BEAUX-ARTS.

Présentation à Sa Majesté l'Empereur et Roi, en son Conseil d'Etat, du rapport historique sur l'état et les progrès des Beaux-Arts en France.

Le 5 mars 1808.

PARIS.

BAUDOUIN, IMPRIMEUR DE L'INSTITUT DE FRANCE.

MARS, AN M. DCCC. VIII.

EXTRAIT des registres de la classe des Beaux-Arts, séance du 5 mars 1808.

LA classe, après avoir entendu le rapport qui lui a été fait de la manière dont S. M. l'Empereur a daigné accueillir la députation chargée de lui présenter le rapport historique sur l'état et les progrès des beaux-arts, arrête que la réponse de Sa Majesté aux discours qui lui ont été adressés par le président et le secrétaire perpétuel, sera transcrite sur ses registres; elle arrête de plus que les discours et la réponse seront imprimés et distribués aux membres de l'Institut.

A Paris, le 5 mars 1808.

JOACHIM LE BRETON, secrétaire perpétuel.

CONSEIL D'ÉTAT.

SÉANCE DU SAMEDI 5 MARS.

Sa Majesté étant en son Conseil,

Une députation de la classe des Beaux-Arts de l'Institut a été présentée par S. Exc. le ministre de l'intérieur, et admise à la barre du conseil.

La députation était composée de MM. Bervic, président; Vincent, vice-président; J. Le Breton, secrétaire perpétuel; Vien, sénateur; Moitte, Heurtier, Gossec, Jeuffroy, Grandmesnil, Visconti, Dufourny, Peyre et Chaudet.

Discours prononcé par le Président.

Sire,

Le décret impérial qui nous ordonne de vous présenter l'état des arts en France, depuis vingt ans, nous a d'abord paru d'une exécution très-difficile, en ce qu'il nous oblige d'apprécier nos propres travaux. Mais plus pénétrés des intentions de V. M., nous n'avons considéré que le noble but qu'elle se propose, l'honneur national et l'avantage des arts eux-mêmes. Nous avons senti combien cette idée, grande en elle-même, a plus de grandeur encore dans ses résultats : c'est le caractère de toutes les conceptions de V. M.

Vous prenez, Sire, vous-même la défense des talens français contre leurs détracteurs. Qui osera désormais les calomnier ? Quand l'Europe verra ce que les sciences, les lettres et les arts ont produit depuis 1789, elle dira que la France est la première nation en tout; et si l'époque lui rappelle que les Français, terribles pour leurs ennemis, l'étaient alors pour eux-mêmes, elle dira comme la postérité, comme les hommes justes, qu'elle eut le malheur d'éprouver l'effet des passions violentes, nées de circonstances inouies, mais qu'alors même elle méritait encore l'estime due aux talens dans tous les genres. V. M. verra par le rapport que nous lui soumettons que les beaux arts ont quelques droits pour espérer cette justice.

M. Le Breton, secrétaire perpétuel et organe de la classe, va exposer à V. M. un précis de l'histoire des beaux-arts qui embrassera et leur état actuel et les causes qui les ont fait prospérer ou déchoir en France.

Discours de M. Le Breton, *secrétaire perpétuel.*

Sire,

La France est, après l'Italie, la nation moderne qui a cultivé les beaux-arts avec le plus de succès, et même elle les a conservés plus long-temps que l'Italie.

En avouant donc qu'elle a été devancée et surpassée dans cette noble carrière, qu'elle n'a point produit de Raphaël, de Michel-Ange, de Palladio, de Durante, elle a droit de présenter ensuite une foule d'artistes français justement célèbres, et de dire que depuis près de trois siècles elle n'a point eu de rivale dans les arts, au moins dans ceux du dessin.

Que sera-ce quand ses hautes destinées auront exercé toute leur influence sur les beaux-arts? quand le monde pacifié rappellera les plaisirs de l'imagination, qui forment le plus long charme de la vie? et quand, à l'exemple des princes chéris des arts, V. M. les chargera d'embellir son repos, voudra les élever au niveau de sa gloire, les rendre dignes de la transmettre? car ce sont eux, Sire, que la postérité écoute avec le plus de complaisance, et qui servent en quelque sorte de parure aux grands règnes.

Il faut convenir cependant qu'ils ont eu en France des intervalles de langueur, qu'ils y ont même éprouvé des crises de décadence : semblables à ces organisations délicates, mais douées d'une grande sensibilité, que l'enthousiasme rend fortes et quelquefois sublimes, que le bonheur développe, que l'humiliation accable, que les discordes épouvantent, que la grossièreté des mœurs révolte, les beaux-arts brillent ou languissent, s'éteignent ou renaissent, selon qu'ils sont affectés par ces diverses causes. Il en est d'autres encore qui les modifient : si tout ce qu'enfante l'esprit de l'homme est soumis aux impressions qu'il reçoit, les arts d'imagination doivent être les plus sujets à l'instabilité.

Dans les sciences positives et dans les savantes recherches de l'érudition, les faits s'additionnent, pour ainsi dire. Le génie, l'observation, la critique les interrogent, les analysent, les classent, en retirent la substance dont se forme le dépôt des connaissances humaines. Ce qui est connu une fois, reste connu. C'est sur des bases fixes et vérifiées que les siécles, en se succédant, continuent d'édifier. Il n'en est pas de même dans les beaux-arts : deux ou trois générations peuvent les élever au plus haut point de splendeur, et les deux générations qui suivent les reporter, non à l'état où on les avait pris, mais à l'extrême décadence. Il suffit, pour cette chute précipitée, de quelques circonstances dont les unes dépendent des gouvernemens, les autres de la mobilité d'imagination des artistes et de l'opinion.

Les arts se perfectionnent par l'étude de la nature et le sentiment du beau, par l'élévation et le choix des pensées, par la vérité de l'expression. Mais un moment arrive où un homme doué de talent s'éloigne de la nature, en voulant se singulariser. La nouveauté a bientôt des imitateurs. D'autres cherchent à leur tour des routes non frayées, pour faire le même bruit, la même fortune, et l'art qui avait commencé à déchoir dès la première déviation, franchit rapidement l'intervalle au-delà duquel se rencontre le bizarre que remplace la barbarie. Cette éclipse dure jusqu'à ce qu'un artiste estimé revienne à la belle imitation de la nature et y ramène. Alors recommence une époque nouvelle. Mais il y a encore cette différence entre les sciences et les arts : c'est que, pour faire revivre les unes, il faudrait tout recréer, tandis que le régénérateur des autres n'a besoin que de remonter aux premiers anneaux de la chaîne, d'y attacher quelques exemples, et qu'il pourrait réussir encore, quand il aurait moins de talent que celui qui a commencé la décadence. Tels sont et la marche particulière et le précis de l'histoire générale des beaux-arts.

Sire, le tableau que nous soumettons à V. M. n'ayant pas seulement pour objet de retracer ce qu'ont produit les arts depuis vingt ans, mais aussi de faire connaître tout ce qui peut influer sur leur prospérité, nous avons cru que pour mieux répondre aux intentions généreuses de votre décret impérial, il fallait reprendre de plus loin les causes qui les ont fait fleurir ou décliner en France. Les sciences attachent leurs travaux et les vérités qu'elles en déduisent, à des principes incontestables : ce sont les exemples que nous sommes obligés d'invoquer pour établir des règles et pour convaincre. Qu'il nous soit donc permis de consulter, quelques instans, nos anciennes annales.

A l'époque de 1789, les beaux-arts avaient parcouru en France leur révolution toute entière. Brillans de jeunesse, de force et de grace sous François Ier, qui les naturalisa, et sous Henri II, qui sans les aimer autant que son père, les protégeait de même, les arts illustrèrent encore la seule passion noble de Catherine et de Marie de Médicis, le goût de la magnificence. Ainsi dans l'espace de moins d'un siècle, ils élevèrent et embellirent les palais du Louvre, des Tuileries, de Fontainebleau, du Luxembourg pour la Majesté Royale, le château d'Écouen, plus parfait peut-être, pour le plus fameux des Montmorency, et Anet, qui semblait l'ouvrage des graces, pour la femme qui réunissait le plus d'amabilité, le plus d'esprit, le plus de charme, à la noblesse du caractère, pour Diane de Poitiers.

Les horreurs de la Saint-Barthelemy et ses funestes suites firent rétrograder la France vers la barbarie. Athènes, Rome, Florence purent conserver les arts au milieu des troubles politiques, et même leur faire produire de beaux monumens. Mais les guerres de religion ne laissent rien subsister de généreux. Lorsqu'Androuet du Cerceau, l'un des restaurateurs de l'architecture, obligé de s'expatrier ou d'abjurer son culte, préférait l'exil; lorsque Jean Goujon était assassiné comme huguenot, pendant qu'il travaillait à ces belles sculptures dont notre école s'enorgueillit, certes, la France n'était plus digne de posséder les beaux-arts.

Il faut arriver jusqu'à Louis XIII pour les voir se relever. Ce n'est pas qu'Henri IV ne les ait protégés et soutenus : ses inclinations naturelles et son caractère généreux l'en rendaient l'ami. Il rassembla les artistes les plus habiles et les logea au Louvre, où il les visitait souvent : mais les malheurs de toute espèce que lui laissait à réparer la guerre civile, ses projets politiques et le parricide qui l'empêcha de fournir toute sa carrière de gloire, ne lui permirent pas de donner aux arts un grand essor.

Richelieu sut tout allier. Il s'empara du feu sacré que Jean Cousin avait conservé heureusement pendant les règnes ténébreux de François II, de Charles IX et de Henri III. Son administration vigoureuse sut imprimer aux beaux-arts plus de caractère et même plus de perfection qu'ils n'en eurent sous Louis XIV, qui leur donna, il est vrai, plus de magnificence.

Le cardinal Richelieu avait déterminé le Poussin à quitter Rome pour consacrer son talent au règne que ce ministre voulait illustrer aussi par les arts, et pendant un séjour de deux années, ce grand peintre composa des cartons pour des tapisseries, des sujets allégoriques pour décorer la grande galerie du Louvre, des frontispices pour les belles éditions de l'imprimerie royale qui venait d'être créée (1) : sortant des dimensions ordinaires de ses ouvrages, il fit encore les seuls grands tableaux qu'on

(1) Dans les deux premières années de son établissement, l'imprimerie du Louvre (ou royale) publia soixante et dix gros volumes d'auteurs grecs, latins ou italiens, aussi corrects que magnifiques de typographie. C'est pour plusieurs de ces éditions que le Poussin composa des frontispices.

ait de lui (1). En même temps le Sueur peignait le cloître des Chartreux, Philippe de Champagne ses tableaux, ses portraits si beaux de naturel et de vérité ! le Luxembourg s'achevait, la statue équestre de Louis XIII était érigée ; Warin faisait les plus belles monnaies qu'aient eues les modernes, et l'orfévrerie créait d'excellens ouvrages (2). Telle était l'influence de Richelieu sur les arts, au commencement du dix-septième siécle. Mais lorsqu'il n'exista plus, ils commencèrent à déchoir : cette science profonde du dessin, le goût, la grace qui caractérisent les temps de François Ier et de Henri II disparurent, pour être toujours regrettés depuis.

Tous les beaux-arts doivent trop au règne de Louis XIV, pour qu'on puisse croire qu'ils veuillent le calomnier. Au contraire, lorsqu'on tente de mettre à nu ses erreurs et ses fautes, ce sont eux qui se présentent pour défendre ce prince, qui le recouvrent de fleurs et le proclament grand.

Il n'en est pas moins vrai qu'on commit sous son règne deux fautes graves dans la direction des arts : la première en leur inspirant plus de faste que de véritable grandeur ; la seconde, beaucoup plus préjudiciable pour eux,

---

(1) Le Temps qui enlève la Vérité, pour le cabinet du roi ; la Cène, pour la chapelle de Saint-Germain-en-Laye ; et pour les Jésuites, le Miracle de saint François-Xavier ressuscitant une jeune fille. Ces trois tableaux sont au Musée Napoléon.

(2) On admira les quatre grands bassins d'argent faits et ciselés par Claude Bâlin, pour le cardinal Richelieu, ainsi que les vases que le même artiste fit ensuite pour accompagner ces bassins.

fut de les assujétir à l'empire de Le Brun, qui avait comme peintre et comme homme éclairé des titres éminens, mais qui, ne séparant point son goût particulier, son ambition d'artiste, de ses fonctions d'arbitre et d'ordonnateur, soumit tous les travaux, tous les talens à sa manière de voir et de faire, à une suprématie d'orgueil intolérable dans les arts, de la part d'un homme qui les exerce.

On ne fit plus qu'exécuter les programmes prescrits par Le Brun. Girardon lui-même recevait les dessins des statues et des groupes dont il était chargé. Aussi, depuis les plafonds de Versailles jusqu'aux serrures; depuis les marbres sculptés jusqu'aux ornemens d'architecture, jusqu'aux tapis et ameublemens, on n'y remarque, dans les applications des arts du dessin, qu'une physionomie, celle du talent de Le Brun.

On se tromperait si l'on confondait cette uniformité avec l'unité de conception qui détermine l'ensemble des monumens et l'harmonie de leurs détails. L'une fatigue et glace, l'autre permet toute la variété qui plaît à l'imagination en satisfaisant le goût. Les arts sous ce règne parurent ne vouloir qu'étonner, que forcer l'admiration : l'on oublia que leur véritable fonction est de plaire et de charmer.

Cependant avec quel luxe de talens ce beau siècle avait commencé sous Richelieu! Si le Poussin, le Sueur, Philippe de Champagne, Le Brun, Mignard, le Puget, Coysevox, Girardon, etc, avaient été chargés chacun d'un monument particulier, ou d'une portion de monument avec assez d'indépendance, les résultats seraient bien plus riches! nous aurions toute la puissance, toute la variété de génie de nos plus grands artistes développées par une noble émulation, et présentant des ouvrages de caractère d'où jaillirait une gloire immense sur les arts et sur la nation elle-même.

Mais que devait-il arriver quand un premier peintre, presque oublié aujourd'hui (Vouet), réussissait à faire abandonner par Philippe de Champagne la galerie des grands hommes que celui-ci avait commencée pour le cardinal de Richelieu, et s'en emparait? quand le même Vouet et le premier architecte, le Mercier, s'unissaient pour donner tant de dégoûts au Poussin, que non-seulement il renonçait à la galerie du Louvre, mais à la France sa patrie, pour retrouver la tranquillité qu'il avait laissée à Rome? quand le statuaire moderne qui a le mieux su animer le marbre, Puget, se confinait dans Marseille, pour n'être pas soumis à ces dépendances trop dures pour son génie, et préférait des travaux particuliers à ceux du Gouvernement (1)? Il devait résulter de pareilles causes que le siècle verrait

(1) Le groupe de Milon (du Puget) fut d'abord relégué par l'envie dans un endroit écarté du parc de Versailles, quoique Louis XIV eût manifesté son admiration avant qu'il fût placé. Ce fut le roi qui ordonna lui-même de le retirer du réduit où on l'avait caché, et qui lui assigna l'emplacement où on le voit. Mais ce chef-d'œuvre d'expression (l'ouvrage peut-être le plus précieux de la sculpture moderne) mériterait d'être mis à l'abri de l'intempérie des saisons et d'être conservé pour la postérité.

briller quelques beaux talens qu'une grande époque avait fait éclore, mais que beaucoup ne brilleraient pas de tout leur éclat; qu'un plus grand nombre ne pourrait pas se développer; qu'il ne s'en reproduirait que de moindres. Toutes ces circonstances se sont rencontrées dans l'ordre où nous les retraçons, depuis le commencement du dix-septième siècle, en s'agravant toujours, depuis la mort de Colbert : c'est l'échelle de la décadence des arts.

On a droit de s'étonner que cette fausse direction et ses effets aient échappé à Colbert qui savait si bien discerner et appliquer les vrais principes d'administration. Comme ami de la gloire de Louis XIV, il s'était attaché à la consacrer par les arts; mais il aurait encore mieux atteint le but s'il s'était fait le centre des plus habiles artistes, au lieu de voir par les yeux du seul Le Brun.

Ce grand ministre fut séduit sans doute par son admiration pour un peintre justement célèbre, car loin de l'accuser d'indifférence pour les arts, nous savons par les details de sa vie administrative qu'il s'en occupait avec prédilection et sollicitude, en même temps qu'il créait des lois pour toutes les branches de revenu public. Cependant Colbert n'était pas doué d'une imagination ni d'une sensibilité qui entraînent vers les beaux-arts : il les aimait pour la prospérité de la France et la splendeur du trône.

Au reste, quelque justes que puissent être les reproches faits à Le Brun et à l'excès d'autorité que lui laissa le ministre, l'un et l'autre préparèrent des remèdes en créant des institutions pour les arts : c'est à eux qu'on doit les écoles de Paris et de Rome. On n'avait point eu cette prévoyance sous François Ier, où l'on s'occupait trop peu de l'avenir.

On a dit, dans un temps où cette opinion pouvait être dangereuse pour les établissemens de Colbert, que les Grecs et les Romains n'avaient point eu d'écoles, et que les arts ne brillèrent jamais autant : que c'est personnellement à Raphaël, aux Carraches, qu'on a dû leurs habiles élèves, et non à une école nationale. Si la conséquence qu'on voulait en tirer était encore à craindre, il serait aisé de prouver d'abord que les Grecs avaient des institutions publiques et des mœurs toutes puissantes en faveur des beaux-arts, et que rien de ce qui concerne ceux-ci chez les Romains ne peut avoir d'application. Quant aux peintres cités, en arrivant à Rome le Poussin se plaignait avec surprise de ce que déjà « on n'y pratiquait plus leurs enseignemens, » et il y avait à peine cinq ans que le dernier des Carraches était mort (1) : le goût était déjà si corrompu, qu'on dédaignait les ouvrages que le Poussin et la postérité ont le plus admirés. Ne serait-il point plus vrai de dire que les traditions se conservant mieux par des institutions qui ne meurent point et qu'on régénère lorsqu'elles ont été altérées par le temps, il est probable au contraire

---

(1) Le Poussin fut à Rome en 1624; Raphael étoit mort en 1520; Annibal Carrache en 1618, et Louis en 1619.

que si l'Italie avait eu de grandes écoles, elle n'aurait pas perdu sitôt le sceptre des arts ?

On ne contestera point que l'enseignement particulier ne puisse être aussi bon, ou meilleur : mais il ne se perpétue pas nécessairement : il peut se trouver interrompu tout à coup, par la perte, la volonté ou le caprice d'un petit nombre de maîtres indépendans. Nous sommes donc convaincus que les écoles publiques des beaux arts sont un grand bienfait du règne de Louis XIV, du zèle éclairé de Colbert et de Le Brun qui les instituèrent.

Ce que le défaut de réflexion ou d'autres causes d'erreurs ont pu faire hasarder contre les écoles publiques, Louvois, qui remplaça Colbert, aurait semblé le croire de même, si l'opinion contraire eût été moins forte, parce qu'il cherchait à renverser tout ce qu'avait établi son prédécesseur, dont il était l'ennemi. Mignard fut favorisé en haine de Le Brun, ou plutôt du protecteur de Le Brun. L'académie, ou l'école, fut traitée avec hauteur par le même Mignard, devenu premier peintre, avec dureté par le ministre. La sage organisation des bâtimens fut dédaignée, peut-être parce que Colbert y avait mis beaucoup d'importance, et le premier architecte, Jules-Hardouin Mansard l'envahit facilement. Il se fit, à l'exemple du premier peintre, l'arbitre absolu de tout son art. Il fut tellement exclusif, qu'après lui l'architecture tomba brusquement, tandis que la peinture suivait du moins une progression décroissante.

On ne prévoyait pas sans doute alors combien les

effets de cette sorte de souveraineté abandonnée à deux premier talens, devaient être funestes aux arts. Cependant il paraîtrait que Louis XIV s'en aperçut enfin, car il refusa de remplacer Mignard, et les Mémoires du temps disent que la mort de J.-H. Mansard soulagea le roi (1).

Ce ne fut qu'en 1716 que la place de premier peintre fut rétablie par le régent, en faveur d'Antoine Coypel, qui lui avait donné des leçons de dessin.

L'époque de la régence du duc d'Orléans est signalée par le désordre des finances et la dépravation des mœurs. Cette dernière fut portée à un degré qui ne permettait plus aucun genre d'illusion. C'était tarir la source des sentimens et des idées dont s'inspirent les beaux-arts. Néanmoins le régent prétendait les aimer. Le luxe régnait, et l'on croit généralement qu'il leur est utile : mais ce luxe, ainsi que les plaisirs, manquaient de délicatesse, et ne tournaient point à l'avantage des beaux-arts. Quant au goût pour eux que se croyait le duc d'Orléans, il se bornait à une bienveillance personnelle pour Coypel, à dessiner avec cet artiste, à l'acquisition des tableaux de la reine Christine de Suède, qui composèrent, avec d'autres achats encore, la précieuse galerie du Palais-Royal. Mais s'amuser des arts comme un particulier, ou comme le riche qui se distingue avec son or, ce n'était pas en jouir, ni les protéger en chef de l'état. Les beaux-

(1) *Mémoires du duc de Saint-Simon*. Les *Mémoires de madame de Maintenon* sont encore plus défavorables à J.-H. Mansard.

arts n'ayant donc plus aucun des alimens qui leur sont favorables, déchurent progressivement jusques vers le milieu du règne de Louis XV.

C'est le peintre Boucher (1) et sa manière qui forment la dernière période de leur décadence : elle fut telle, qu'il ne restait pour ainsi dire plus de règle pour la mesurer, car il était passé en principe de traiter l'étude de la nature et de l'antique comme un préjugé, de n'obéir qu'au génie, et l'on honorait de ce nom tout ce qui s'écartait du naturel et des idées simples. On s'était perdu dans l'affectation et la bizarrerie.

De son côté la sculpture devenait barbare, et l'architecture rendue mesquine s'était chargée d'ornemens ridicules.

Nous n'entrerons point ici dans les détails relatifs à chacun de ces arts en particulier, parce qu'ils ont tous un principe commun, la science du dessin; parce que leur sort dépend des mêmes causes, du maintien ou de l'altération du goût, d'une bonne ou d'une mauvaise direction. Liés par les plus intimes relations d'intérêts, ces trois arts se trahissent donc eux-mêmes toutes les fois qu'ils cherchent à s'en faire d'isolés, à se donner des préséances, à vouloir briller aux dépens les uns des autres.

Si les beaux-arts avaient tant dégénéré depuis Louis XIV, ce n'est pas que leur administration eût beaucoup changé en apparence. Dans l'état de dégrada-

(1) Vers 1755.

tion où nous venons de les laisser, leur organisation était la même à très-peu de chose près que sous Colbert : ils avaient toujours leur administrateur suprême dans le directeur-général des bâtimens du Roi, et leurs maîtres sous les titres de premier Peintre, de premier Architecte. Il fallait nécessairement se concilier ces derniers pour obtenir des prix dans les écoles, une part dans les travaux du Gouvernement et le titre d'Académicien. On y parvenait en imitant leur manière, en adoptant leurs goûts, leurs aversions, en n'osant rien au-delà de ce qu'ils savaient, surtout en respectant leurs habitudes. Telle était alors la loi commune qui régissait les arts et leurs Académies. Ce fut celle qui s'opposa dans tous les temps à tout genre de progrès, mais qui se trouva plus absolue pour les beaux-arts sous le règne de Louis XV.

Le contraste qui existait alors entre les sciences, la philosophie, les lettres d'un côté, et les beaux-arts de l'autre, a quelque chose de singulier : les unes attaquaient avec audace toutes leurs limites pour les reculer, les autres restaient sous la plus honteuse servitude qu'ils eussent subie, sous la nécessité de se conformer aux maximes et presqu'aux ordres de deux ou trois artistes qui ne pouvaient qu'enseigner à être plus médiocres qu'eux-mêmes. Mais ils étaient non-seulement les distributeurs des travaux et des titres honorifiques, ils formaient la mesure de l'opinion et des faveurs du prince : la soumission était forcée. Aussi ne trouve-t-on dans les arts, pendant tout le siècle, qu'un nom à inscrire à côté de ceux de Montesquieu, de Buffon, de J. J. Rousseau, de Voltaire, c'est celui de Vien qui fit cesser cet ordre de choses.

Que les autres nations de l'Europe n'imaginent pas se prévaloir de cette humiliation : aucune d'elles encore ne soutiendrait la comparaison, si au lieu de considérer les causes générales de la prospérité ou de la décadence des beaux-arts, nous faisions un choix dans leurs ouvrages, même depuis la Régence. Parmi les peintres, les Coypel, Jouvenet, Restout, Carle-Vanloo, Boucher lui-même que la nature avait doué d'imagination, d'esprit et de facilité : les statuaires Bouchardon, Pigalle, G. Coustou, Falconet, composeraient une liste imposante et qui ne permettrait point de rivalité, excepté en architecture où nous n'aurions à citer que trois ou quatre édifices dignes de quelque estime, jusqu'en 1732 (1).

Ce fut au degré de décadence où nous nous sommes arrêtés, décadence amenée par les effets accumulés des causes qui ont été indiquées, que M. Vien sortit des rangs pour régénérer les arts. Il avait osé prendre pour guide l'étude de la Nature et de l'antique, regardée comme un préjugé dangereux par tous les chefs de l'école. Mais il eut la sagesse de ne point s'annoncer comme réformateur, de ne heurter aucun amour-propre, de ne montrer aucune ambition personnelle. Content des suc-

(1) Le portique d'entrée de l'ancien palais Bourbon (aujourd'hui le palais du Corps législatif), les deux bâtimens de la place Louis XV (place de la Concorde), le grand théâtre de Versailles, la première cour du Palais-royal. En 1723, le portique de Saint-Sulpice fut le signal de la régénératiou de l'Architecture.

cès d'estime, plutôt que d'enthousiasme, qui fondaient sa belle réputation, il la vit croître sans impatience. L'ordonnance simple de ses ouvrages, et l'espèce de conviction attachée aux vérités fondamentales, presque toujours faciles à saisir, éclairèrent les jeunes artistes qui avaient le plus de dispositions : MM. Vincent, David, Regnault, Ménageot, et tous les peintres qui ont marqué à leur suite, devinrent ses élèves ou disciples de ses exemples. Ils ont transmis et développé cette saine doctrine, en sorte que le patriarche de nos arts voit maintenant les petits-fils de son école se placer avec honneur au rang des maîtres.

Puisque nous réunissons toutes les causes, nous ne devons pas omettre de dire que cette heureuse révolution fut favorisée par l'esprit du siècle. On pourrait être fondé à croire que les lettres n'ont point assez servi les beaux-arts en France, sans doute pour ne s'être point assez initiées à leur théorie, à leurs rapports mutuels, et même à leur langage. Mais quand M. Vien ramena le style noble et simple, la beauté de Nature, l'esprit philosophique appuya ces principes. Ce que Diderot publia sur les sallons de 1765 et 1767, fit germer beaucoup d'idées, répandit beaucoup de notions sur les arts (1). Leurs expositions publiques

(1) Ces morceaux remplissent les 13e, 14e et 15e volumes de l'édition de Diderot publiée par M. Naigeon. M. Suard et l'abbé Arnault avaient écrit sur les arts avant Diderot, en hommes qui les aimaient et les connaissaient, le premier avec ce tact délicat d'esprit et de raison qui le caractérise, le second avec enthousiasme.

furent mieux observées, les opinions eurent moins de vague. On commença d'avoir quelques écrits doués de sentiment et de justesse, pour se garantir des louanges mendiées ou dictées, des critiques privées de lumière ou de bonne foi. Malheureusement ce genre de livres est encore trop rare, car il faudrait, pour la propagation du goût des arts, plus de jugemens réfléchis et moins d'opinions empruntées.

L'administration des beaux-arts reçut elle-même cette influence et la fit servir à leur progrès. Des travaux de peinture et sculpture furent régulièrement ordonnés: l'idée heureuse et nationale de faire ériger, tous les deux ans, quatre statues de Français célèbres dans la carrière des armes, dans la haute magistrature, dans les sciences, les lettres ou les arts, attachait le public, en même temps qu'elle lui apprenait à chérir la patrie, féconde en grands talens, à respecter tout ce qui donne la gloire. La part d'estime que le chef des arts recueillait de ces succès élevait son zèle : on mit plus de justice dans la répartition des travaux et des graces, plus de circonspection dans la faveur, plus d'intérêt personnel aux bons choix, on permit plus de dignité aux artistes.

Il y avait à la cour des hommes en possession de la plus haute faveur qui auraient borné leur ambition à administrer les beaux-arts, par le noble desir de les servir. L'un d'eux employait une grande fortune, le crédit d'un beau nom, d'une grande place, toute l'activité d'un esprit éclairé, épris de la belle passion des arts à rechercher en Grèce, les monumens, les lieux, les souvenirs, et les décrivait dans un style attique, avec les sentimens d'un citoyen d'Athènes qui gémirait sur les ruines de sa patrie (1).

Ainsi en 1789, la France était rentrée dans l'antique héritage des beaux-arts que lui avait transmis François Ier, et qui s'était accru de tout ce que la gravure et la musique ont produit depuis.

Nous cesserons ici d'observer les causes générales. Il n'en resterait plus qu'une à faire remarquer, c'est la révolution : mais cette cause est si connue, si récente ! son influence a été si universelle, qu'on n'a pas besoin de l'expliquer. D'ailleurs V. M. la retrouvera en présence de ses effets, lorsque chaque art en particulier et chaque époque passeront sous ses yeux.

Laissant donc à notre tableau général tous les développemens, nous nous bornerons à en détacher quelques résultats.

En 1789, la peinture était florissante dans l'école française, parce qu'elles possédaient l'une et l'autre M. Vien et ses principaux élèves. Le premier est toujours l'objet de notre vénération, et les seconds exécutent de grands ouvrages qui prouvent que leur talent est encore dans toute sa force. On leur doit une génération nouvelle de peintres en divers genres et dignes dans tous de leurs maîtres. C'est toujours de leurs ateliers que sortent annuellement les jeunes artistes qui remportent les grands

(1) M. de Choiseul-Gouffier.

prix, et qui vont à l'école impériale de Rome achever de se rendre habiles.

La peinture est donc non seulement florissante en France, mais elle ne le fut jamais davantage.

On pourrait en dire autant de la sculpture, avec cette différence, qu'elle n'a encore élevé qu'une génération, depuis que l'art est revenu au bon goût et aux principes du beau. Les mêmes statuaires qui l'y ont ramené donnent toujours l'exemple des succès. Mais, comme en peinture, les premiers élèves ont aussi une réputation établie sur de beaux ouvrages.

De tous les arts, c'est la sculpture qui a fait la plus belle conquête depuis 1789. Elle ne s'était pas montrée une seule fois avec distinction pendant tout le siècle, dans ses rapports avec l'architecture, et le grand bas-relief du Panthéon (1), ainsi que ceux qui viennent d'être exécutés dans la cour du Louvre et les ornemens de l'arc de triomphe du Carrousel, sont incomparablement supérieurs à toute la sculpture de ce genre faite depuis le siècle de Louis XIV, et même sous le règne de ce prince. L'art statuaire est donc aussi en progrès.

Parmi les vœux que V. M. nous autorise à lui soumettre, elle trouvera celui de ne pas voir s'étendre plus loin une erreur qui deviendrait bientôt un abus très-préjudiciable à la sculpture : il consisterait à l'assujétir à des idées qui lui sont étrangères, et qui n'étant point conçues dans son esprit ne pourraient que produire des

---

(1) Le grand bas-relief du fronton du Péristyle.

discordances plus ou moins fâcheuses. Autant il est sage d'exiger que les sculpteurs se conforment au système général d'un monument, autant il est nécessaire qu'ils restent libres de disposer leurs sujets selon la poétique du statuaire; car chaque art a la sienne, chaque art a ses principes, sa langue, ses moyens, l'on pourrait dire sa conscience, qu'il faut respecter, à moins d'amener le désordre par la confusion des genres.

La gravure en médailles, qui était restée fort en arrière de la sculpture, dont elle devrait suivre la marche, s'en était rapprochée en 1789. Un seul artiste montrait plus de science de dessin, et surtout de ce talent de statuaire, qu'on doit retrouver dans l'art du graveur en médailles (1). Pendant la révolution, un nouveau graveur, qui réunit encore plus de suffrages, accrut ces espérances (2). Nous l'avons perdu, et le premier a cessé de produire avant l'âge de l'inactivité. L'un et l'autre font un vide dans l'art, qui possède cependant encore quelques hommes habiles, que nous citerons ailleurs; mais on ne s'aperçoit pas qu'il aît fait les progrès qu'on aurait pu espérer du grand nombre de médailles exécutées depuis dix ans. Nous craignons qu'on n'y mette trop de précipitation.

Pour la gravure en pierres fines, elle a été oubliée en-

---

(1) M. Dupré, qui s'était annoncé dès 1776, par la médaille de l'indépendance de l'Amérique.

(2) Rambert Dumarest, mort membre de l'Institut en 1806, ne se fit remarquer qu'en 1795.

tièrement. Quelques particuliers lui ont demandé un petit nombre de portraits; mais aucun monument historique ne lui avait encore été confié, lorsque son Excellence le ministre de l'intérieur (M. Crétet) l'a chargée de consacrer un des grands événemens du règne de V. M. (1). Cependant la gravure sur pierres fines et la gravure en médailles, qui forment deux branches d'un même art, sont les dépositaires les plus durables de l'histoire, et méritent à ce titre d'être perfectionnées autant que possible. C'est d'après ces monumens, surtout, que l'arrière-postérité juge du degré de perfection des arts du dessin chez une nation.

L'architecture a plus souffert de la révolution que les autres arts. Elle avait été atteinte jusques dans ses principes par une foule d'hommes qui se constituèrent architectes, sans en avoir fait les études essentielles. Elle ne se montra d'une manière honorable que dans les fêtes publiques. Si celles-ci ne furent pas toutes dignes par leur objet, de rassembler et d'intéresser un grand peuple, la plupart ont été remarquables par les dispositions des architectes. Quelques-unes ont laissé, sous tous les rapports, des souvenirs qu'on aime à rappeler : telle fut cette fête triomphale où apparurent au Champ-de-Mars, pour y recevoir les hommages et les acclamations de trois cent mille français, les chefs-d'œuvre des arts que vous veniez, Sire, de conquérir, et votre gloire digne

(1) La paix de Tilsitt.

dès-lors de partager avec eux l'admiration publique.

Après l'invasion de l'ignorance, l'architecture a craint d'être entraînée vers un genre agréable, mais qui devenant un goût exclusif, aurait écarté du grand style auquel doit tendre l'art. Nous nous sommes efforcés, ainsi que le professeur de l'école d'architecture, de ramener les jeunes artistes par l'influence des concours publics, et notre zèle n'a pas été sans succès. Les derniers grands prix ont été décernés à des ouvrages d'un plus beau caractère.

Quant aux grands monumens, on ne doit pas s'attendre que depuis 1789, une nation sans Gouvernement, agitée de crises violentes et longues, ait pu en ériger. La France, Sire, les tiendra de votre règne.

La gravure en taille-douce se place sous les arts du dessin, dont elle traduit et multiplie les conceptions. Elle ne s'était point relevée avec l'école française, parce qu'on l'avait laissée sans considération et sans grands travaux ; parce que rien n'exigeait que les graveurs fussent habiles dans le dessin. Les fantaisies du goût et de la mode l'alimentaient, et si quelques graveurs encore y cherchaient de la gloire, c'était l'étranger qui la leur dispensait.

Un Français et un Italien avaient porté à l'Angleterre, vers le milieu du 18e siècle, la gravure en taille-douce, si florissante en France au 17e, et ces deux étrangers la faisaient prospérer à Londres, tandis que la patrie des Audran, des Edelinck, des Nanteuil, des Poilly, des

Masson, des Drevet, etc., comptait à peine deux ou trois graveurs qu'elle pût avouer (1).

En 1789, les seuls œuvres un peu considérables de gravure qui s'exécutassent en France étaient la galerie du Palais-Royal et la galerie de Florence. Nous aurons à citer, depuis cette époque, et surtout depuis que vous tenez, Sire, les rênes du gouvernement, un grand nombre d'œuvres magnifiques qui exercent l'art avantageusement pour lui et pour le commerce. La plupart de ces entreprises sont dues aux encouragemens que leur donne V. M. Une seule occupe constamment plus de cent graveurs, depuis huit ans (2).

On ne peut point graduer le tableau des progrès ou de la décadence de la musique avec la même précision que celui des autres arts, parce que ses productions ne se rangent pas sous un même aspect et sous l'influence d'une seule cause.

Elle n'a point suivi la même marche sur le grand théâtre et à l'Opéra-Comique. Sur ce dernier, la grace naturelle de Monsigny, le génie heureux, fécond,

---

(1) Vivarez, né en France, et Bartholozzi de Florence, très-habiles graveurs, le premier dans le paysage, le second dans le genre historique. Avant eux l'Angleterre n'avait qu'un graveur digne d'être remarqué (Jean Smith) et c'était dans la manière noire. Les deux étrangers formèrent quelques talens indigènes dont un justement célèbre, Woolett, élève de Vivarez.

(2) La description du Musée Napoléon, due à MM. Laurent et Robillard-Péronville. Les autres œuvres seront cités dans le tableau général, à l'article gravure.

spirituel de Grétry séduisaient sans obstacle et honoraient la France, en même temps que l'ennui siégeait au grand théâtre lyrique, et que des entraves presqu'insurmontables arrêtaient les compositeurs qui auraient pu amener un meilleur goût.

Gluck en 1774, Piccini quatre ans après, et Sacchini en 1783, s'emparèrent heureusement de la scène. Il n'y eut de national dans leurs succès qu'une juste admiration, et aussi les impressions données par les longs et vifs débats agités entre les plus chauds partisans de l'école Allemande et de l'école Italienne. Mais il en résulte du moins la preuve de fait qu'on n'est pas insensible en France aux beautés musicales, comme on l'a prétendu. Il est à observer aussi que Philidor et Gossec avaient essayé, avant l'arrivée de Gluck, de substituer à la mélopée traînante qui constituait le vieux chant français, les accens animés des passions, et qu'ils avaient été applaudis (1).

Pour arrêter le tableau de la musique, en 1789, il reste à dire qu'on avait établi quelques années auparavant (2) une école de chant, dans la persuasion que le théâtre ne serait jamais soumis à l'art, à moins qu'on n'employât les seuls moyens qui peuvent reproduire sûrement les succès, un bon enseignement. Mais cette

---

(1) Philidor, dans son opéra d'*Ernelinde*, joué en 1767, et Gossec dans *Sabinus*, joué en 1773.

(2) Ce fut en 1783 que le baron de Breteuil créa l'école de chant et de déclamation; elle ne fut organisée qu'en 1784.

école n'était ni assez grandement conçue, ni assez fortement organisée, et lorsqu'elle fut détruite comme établissement royal, en 1790, elle avait déjà passé sous l'influence de l'Opéra qu'elle était destinée à régénérer.

Tel était l'état de la musique dramatique en France, lorsque la révolution politique commença.

Gluck avait fait une vive impression sur les jeunes compositeurs et sur le public. Sa musique avait de l'analogie avec les passions qui s'exaltaient. On s'en inspira. Dans leurs grandes agitations, les peuples préfèreront toujours la force et la majesté des accords au charme d'une voluptueuse mélodie, comme l'on employait en Grèce la puissance de l'harmonie Dorienne quand on voulait animer aux combats et entretenir l'esprit martial, tandis qu'on faisait usage des tons pathétiques du mode Lydien pour attendrir, et de l'harmonie Phrygienne pour inspirer des sentimens religieux.

Les hymnes, tous les chants de la Révolution eurent donc une énergie qui les fera classer dans l'histoire de la musique. On voulut le même caractère, les mêmes accens au théâtre qu'au champ de Mars. L'art put s'en ressentir : mais ces compositions elles-mêmes attestent que les études s'étaient fortifiées, et que la connaissance de tous les moyens était acquise. Maintenant que les esprits sont détendus, ils aimeront la grace unie à la science. Avec les encouragemens que V. M. se plaît à répandre sur tous les arts et les institutions qu'elle fait pour celui-ci, il ne peut pas rester au-dessous des autres.

Déjà son enseignement est complet, et c'est le seul qui ait cet avantage dans les beaux-arts.

Le Conservatoire de musique qui a dépassé les espérances, excepté dans le chant, où il a prouvé encore qu'il saurait former des sujets, quand il en rencontrerait qui eussent les dons naturels, et qu'on lui laisserait le temps de les développer, le Conservatoire a reçu de V. M. tous les moyens qui lui manquaient, et principalement un pensionnat qui doit fixer le fruit des études.

Depuis douze ans il a instruit *seize cents* élèves, dont six cents ont été appelés à des services publics, savoir, les plus distingués dans la chapelle et la garde Impériales, dans les théâtres de Paris, d'autres dans les cours étrangères, dans les corps de musique de l'armée, et dans les théâtres des départemens.

Une bibliothèque publique qui n'aura point d'égale en richesse, et un théâtre dont le seul but, le seul intérêt, seront l'avancement de l'art et des élèves, par l'application des plus belles théories et l'exécution des classiques, sont des bienfaits nouveaux, que le décret impérial du 3 mars 1806 assure à la musique.

Les ouvrages élémentaires publiés par cette école donnent des bases uniformes pour toutes les parties de l'enseignement.

Nous pouvons donc espérer non-seulement un prochain avenir brillant pour la musique, mais compter aussi des résultats obtenus : et quand on jette les regards sur ce que possèdent maintenant l'Italie et l'Allemagne naguère si riches en compositeurs éminens, la France doit de plus ajouter à ces espérances une grande part d'estime pour les talens qu'elle possède.

Résumant toutes les conséquences dans une seule, nous affirmons que les beaux-arts sont en France dans un état beaucoup plus prospère qu'on n'aurait dû l'espérer, plus prospère qu'en 1789, et que dans le reste de l'Europe.

Les écoles de peinture, sculpture et architecture réclament un regard vivifiant de V. M. : elles sont restées telles qu'elles ont été établies par Colbert.

Nous invoquons particulièrement l'attention et la bienveillance de V. M. pour tout ce qui intéresse l'instruction publique des Beaux-Arts, et surtout pour l'agrandissement de leurs écoles.

Vous nous laissez, Sire, très-peu de vœux à former sous les autres rapports : nous ne demanderons point que l'administration des arts conçoive avec grandeur, qu'elle n'ordonne que des ouvrages réfléchis et qu'elle prenne tous les moyens de les rendre parfaits : la gloire et le caractère de V. M. l'exigeront. Quand on aura réalisé vos propres pensées, on ne pourra plus retomber dans les petites conceptions des hommes sans gloire et sans génie. Les arts reconnaissent aussi votre influence personnelle. Il n'en est aucun qui ne vous doive quelque grand ouvrage ou quelque institution.

Les tableaux du couronnement, de l'hôpital de Jaffa et du passage du Saint-Bernard, dont les mémorables sujets appartiennent plus particulièrement à V. M., sont de beaux monumens d'histoire et de talent.

Les bas-reliefs du Louvre que nous avons cités, la statue colossale de Dessaix et quelques autres ouvrages prouvent que la sculpture a pris un caractère plus élevé.

La création de ce même Louvre, qu'aucun souverain ne s'était cru capable d'achever, quoique depuis trois siècles, tous en aient eu l'ambition; les arcs de triomphe, les embellissemens que reçoivent la capitale et l'Empire, distinguent l'architecture et la feront fleurir.

Les trois genres de gravures ont été élevés par vous au rang et aux honneurs des autres arts.

L'œuvre le plus imposant, le plus magnifique, le plus curieux que la gravure en taille-douce ait jamais exécuté, sera la description de l'Egypte, et vous est entièrement dû : car c'est vous, Sire, qui avez conquis pour les arts, pour les sciences et l'histoire ces précieuses dépouilles : c'est votre munificence qui va en faire jouir le monde civilisé : c'est votre sagesse qui a confié le soin de les publier et de les éclairer à cette réunion intéressante de talens de tous les âges et de tous les genres qui partagèrent vos périls et vos travaux, et qui en seront dignement récompensés, puisque cet immortel ouvrage les fera participer à un rayon de votre propre gloire : et comme si, dans cet œuvre, tout devait inspirer l'admiration et la reconnaissance, il a été inventé pour lui une machine à graver qui doit aussi faire époque (1).

---

(1) Feu Conté, dont le génie inventif et le zèle pur furent très-utiles dans l'expédition d'Égypte, est auteur de cette découverte. On en trouvera

La création et la publicité de nos Musées ont beaucoup contribué aux progrès des arts, en offrant tous les moyens d'étude et de comparaison.

Celui des monumens français, formé et conservé avec tant de zèle par l'artiste qui le dirige encore, (1) rappelle les événemens et les personnages les plus remarquables de notre histoire et contient celle de l'art en France, ainsi que les plus beaux ouvrages de la sculpture moderne.

Le Musée du Palais sénatorial n'est point un luxe inutile : les artistes y sont admis à dessiner et à peindre. Il se compose de trois collections classiques, celles de Rubens, de Lesueur, de Vernet.

Mais le Musée général, né avec la révolution et riche dès sa naissance, a été doté par V. M. de tous les chefs-d'œuvre de sculpture antique, et des chefs-d'œuvre de peinture répandus en Europe. C'est le plus vaste moyen d'instruction que le Monde puisse offrir aux arts.

Le tableau actuel des arts en France et celui de ce qu'ils y ont été, depuis le 16e siècle, nous autorisent donc également à dire : que l'histoire des beaux-arts d'une nation, est en quelque sorte l'histoire de son gouvernement et de ses mœurs.

Les Romains conquirent les arts, et ne purent jamais

---

dans le rapport général une description détaillée. Ses principaux résultats sont qu'elle est infiniment plus économique et infiniment plus expéditive que les moyens ordinaires.

(1) M. Le Noir.

se les approprier : au contraire, ils naissaient pour ainsi dire d'eux-mêmes en Grèce, s'attachaient à toutes les institutions politiques ou religieuses, et devenaient une source intarissable de plaisirs délicieux.

En les protégeant, les Médicis choisirent le genre d'illustration le plus convenable à leur siècle, à eux-mêmes : ils élevèrent leur renommée beaucoup au-dessus de leur fortune et de leur puissance.

Les Beaux-Arts prirent l'esprit et les sentimens de la cour chevaleresque et voluptueuse de François Ier : interprètes fidèles, ils les reproduisirent avec charme dans leurs ouvrages qui respirent la noblesse, la grace, la galanterie.

Ils recouvrèrent de l'élévation sous le cardinal de Richelieu.

Fastueux et brillans sous Louis XIV, dégradés ou misérables sous ses successeurs, ils ont heureusement échappé à une révolution tumultueuse et terrible qui pouvait les détruire, soit à la manière des barbares, soit en les dirigeant mal, en dépravant le goût.

Ils passent sous votre sceptre, capables et avides d'enfanter de beaux monumens.

Quand Votre Majesté les appelle devant le trône le plus élevé de l'Univers, d'où elle daigne les interroger sur ce qu'ils peuvent, même sur ce qu'ils désirent, ils n'hésitent donc point à répondre : qu'ils sont prêts, Sire, à célébrer votre gloire, à prendre une grande part dans celle du siècle. Ils se souviennent qu'ils ont recueilli les premiers fruits de vos triomphes, que vous n'avez pas cessé de conquérir pour eux, qu'ils ont part à tous vos prodiges : quel prince eut autant de droits pour leur en demander ?

S. M. a répondu à-peu-près en ces termes :

Messieurs les président, secrétaire et députés de la quatrième classe de l'Institut, Athènes et Rome sont encore célèbres par leurs succès dans les arts ; l'Italie, dont les peuples me sont chers à tant de titres, s'est distinguée la première parmi les nations modernes. J'ai à cœur de voir les artistes français effacer la gloire d'Athènes et de l'Italie. C'est à vous à réaliser de si belles espérances. Vous pouvez compter sur ma protection.

www.ingramcontent.com/pod-product-compliance
Ingram Content Group UK Ltd.
Pitfield, Milton Keynes, MK11 3LW, UK
UKHW020217180726
13838UKWH00005B/2045